Gedichte eines Leiharbeiters

von Kilian Lippold

Herstellung und Verlag:

BoD – Books on Demand, Norderstedt

ISBN: 9783758368790

Für alle unsichtbaren Helfer, welche
uns tagtäglich umgeben.

Inhaltsverzeichnis

Vorwort

Sie räumen die Tische ab, wenn man gerade
nicht hinsieht. Sie schenken beim Fußballspiel
auch noch das siebte Bier aus. Sie verkaufen dir
auf dem Weihnachtsmarkt deinen Stollen,
räumen im Supermarkt die Regale ein, nehmen
deine Jacke an der Garderobe an und bringen
dir sogar im Krankenhaus dein Essen ins
Zimmer. Leiharbeiter sind überall und
nirgendwo. Sie werden an Unternehmen
verliehen und helfen, wo Hilfe gebraucht wird.
Meist sind es Studenten, aber auch Ältere, die
einen Nebenverdienst brauchen, Gelernte, die
die Flexibilität zu schätzen wissen oder
Ungelernte, die nicht wissen wohin. Keiner
meiner Kollegen hatte als Kind davon geträumt,
sich von immer neuen Vorgesetzten
herumkommandieren zu lassen und doch
waren wir alle hier.

Ich hatte gerade meine Ausbildung
abgeschlossen und wurde bei meinem
Wunschstudium abgelehnt. Doch ein
Freiwilliges Soziales Jahr ist eine Sache, die man
sich leisten können muss und so landete ich bei

einem der unzähligen Unternehmen, welche ihr Geld mit dem Verleih von Arbeitskraft verdienten.

An meinem Geburtstag hatte ich mir freigenommen und mein Arbeitgeber schickte mir eine Karte mit einer kleinen Kerze. Dennoch riefen sie an dem Tag mehrfach an.

Und eigentlich
bringt es das genau auf den Punkt.

Privatunterricht

Da ich nichts wusste,
noch nie
ein Tablett
in der Hand hatte,
mein Wein bisher stets
aus dem
Tetrapack kam,
brauchte ich dringend
eine Schulung zum Kellner.

Nervös stand ich
wie abgemacht
pünktlich vorm Eingang
des teuren Hotels,
das ehrfurchterregend
die Skyline verzierte.

Dann kam die Kollegin,
die bereit war
ihr Wissen
zu teilen.
Vielleicht auch bereit,
für einen einfachen Job.

Erst
wusste
ich nicht
was ich
sagen
sollte.

Dann nahm sie 'ne Kippe und ich hatte Glück,
denn der Rauch spann ein Netz zwischen uns.

Sechs Leute
sollten erscheinen.
Sechs Zigaretten
mussten wir rauchen.
Bis wir erkannten
wir bleiben zu zweit.

Nun hatte ich also
Privatunterricht.
Die Komik
ist schwer zu beschreiben.
Wir hatten noch Zeit
Man führte mich 'rum.

Ein Armer im Lande der Reichen

Der stille Beobachter

Es war die Firmenfeier eines jungen
Unternehmens,
es gab T-Shirts am Einlass und Longdrink-
Flatrate.
Natürlich waren alle besoffen,
getrunken wurde genug,
Trinkgeld gab es keins.
Wir waren zu neunt,
zwei Neue und manch alter Hase.

Nur einer stand am Rand und bewegte sich nicht.
Security,
er sieht nach dem Rechten.
Dachte ich mir

und rackerte
mich weiter ab.

Tablette voll Gläsern,
nach jedem Drink wollten sie mehr.
Die Augen sie waren schon gläsern,
nach jedem Drink wollten sie mehr.
Kisten voll Tellern und Schüsseln, Besteck.
Das räumten wir ein, brachten's hinter.
Nur einer stand am Rand und bewegte sich nicht.

Die Gäste wurden besoffen,
manch ältere Frau,
wollte mehr als nur Drinks.
Ich ging auf Distanz,
es war ein Instinkt.
Das war wohl der Fehler,
denn Trinkgeld gaben sie keins.

Dann hatte ich endlich mal Pause,
ging direkt zur Kabine,
um Drehzeug zu holen.
Da sah ich den einen
nichtsnutzen Lump,
gelassen im Nachbarraum sitzen.

Da saß er am Rand,
den Blick auf das Handy gerichtet.
Riesige Leinwand,
es wurde über American Football berichtet.
Es war mir egal,
was soll's sagte ich.
Ich wollte doch einfach nur rauchen.
Ich mach was ich muss
und sitzt er nun dort
mir soll es egal,

wer weiß wer er ist.
Und hab mich nach draußen verpisst.
14

Später erhob er das Wort,
schlagartig wurd' es mir klar.
Der Wicht war der Chef,
überblickte das Recht.
Er war zwar auf Arbeit, doch war nicht zum
Arbeiten da.
Vielleicht wär' er auch gern Zuhause geblieben,
doch der Wichser war reich
und uns gab man 12,50 Euro.

Auf Position

Für eine große Messe
hatten sie haufenweise Personal angefordert.
Um vier Uhr früh
klingelte mein Wecker.
Was für einen von meinem Schlag
beinahe an Folter grenzt.

Sie sagten uns Handys verboten,
Sie sagten so manches,
was wichtig erschien.
Ich hörte nur drauf,
was ich tun soll.

Dann gab man mir eine Liste
ich fragte nur:
„Wo muss ich hin?"

Ich sollte Besucher zählen.
Verunsichert schritt ich
durch gespenstisch Stille.

Ab Acht in der Frühe
stand ich allein
auf Position.
Neben mir ein Schild,
das verriet:

Erster Vortrag
Punkt 15 Uhr.

Die erste Stunde stand ich,
zwei weitere, saß ich nur da.
Erst fünf Stunden später,
wurd' es mir klar.
Bevor man mir Pause bezahlt,
stellt man mich lieber
vor einen Raum.
Um in die Leere zu schauen.

Das Vorurteil isst mit

VIP im Stadion
Der Fußball ist Anlass,
doch selten der Grund.
Sie trinken die Weine.
Verkaufen die Häuser.
Und führen die Gabel zum Mund.

Die Speisen erlesen.
Auch wenn es mir schwer fiel,
die Namen zu Wörtern zu formen.
Was soll'n die Vokabeln auch nützen,
wenn wir vom Menü nicht mal Reste bekomm'.

Die Male zuvor,
hatte ich es geschafft,
den Platz vor dem Eis zu besetzen,
da konnte der Ansturm zwar stressen,
doch man stand nicht im Dunst,
von zerstückelten Tieren.
Die für Dekadenz,
Würde und Leben verlieren.

Ich wollte zum Gulasch,
denn der war vegan,
sie schlugen die Bitte nicht ab.
Die Gäste begeistert,

ja sie kamen wieder.
Sie riefen: „Wie lecker!"
und nahmen
ein weiteres Schälchen zum Platz.

Zumindest, die, die nicht wussten,
dass Pflanzen die Grundlagen bieten.
Denn ohne Tiere zu quälen,
wie kann man es dann schon genießen?
Nein, die, die es wussten,
die griffen nicht zu,
trotz all you can eat,
wollten sie nicht probieren.

Der Stammgast ist nicht wählerisch,
Sie nehmen von allem.
Enttäuscht sind sie nie.
Sobald sie das wissen,
ist es auch egal,
was dann ihren Gaumen erreicht.

Ein älterer Herr,
kam vom Gulasch ins Schwärmen.
„Noch nie hab ich hier etwas Besseres
bekommen!"
Und weil er es kann,

es ihn gut fühlen lässt,
ließ er sogleich
auch den Küchenchef rufen.
Zum Glück dieses Mannes,
hat keiner gesagt,
der Gulasch ist ganz ohne Fleisch.
Es stand auf der Kippe,
das Wörtchen vegan,
Hätt' zum Schimpfen und Fluchen gereicht.
Und so saß er glücklich,
Vom Wissen verschont,
Ich sage es, ganz ohne Hohn.
Vor seiner vierten Portion.

Fahrstuhl-Dienst

Der Aufzug der Oper
fährt bis zum Keller,
doch gibt es da außen kein Knopf.
Auch heute noch frag ich mich täglich,
„Ey was war denn das für ein Job?"

Halb 6 in der Frühe
stand ich vor dem Gebäude.
Anzugschuhe, Hemd und Krawatte dabei.

Per Telefon meldete ich mich zum Dienst.
Und sollte drei Kippen lang warten.

Mit freundlichen Worten und einem Lachen,
wurde ich empfangen.
Geduld würde ich heute brauchen,
doch sicher nicht edle Klamotten.

Fahrstuhl-Dienst hieß es.
Liftboy spielen hatt' ich gehört.
Dann gab man mir ein Walkytalky
und ich war ganz schrecklich verwirrt.

Im Keller hing das zweite Gerät.
Wird der Fahrstuhl gebraucht,
trete ich in Aktion.
So stand und saß ich im Aufzug
und verdiente mir leicht meinen Lohn.

Der beste Job von allen,
wie gern würde ich das jetzt machen!
Sagten mir manche
und mussten darüber lachen.
Auf so engen Raum,
da kriegst'e 'nen Schaden.
Das Hoch und Runter
schlägt doch bestimmt auf den Magen.

 Im stetigen Takt
stiegen sie zu
Logistiker alle am schuften.
In ihren Augen Verwirrung.
Warum steht im Fahrstuhl ein Mann?

In 12 Stunden wurde ich 6-mal gebraucht.
Ein ganzes Buch gelesen
und nur einmal geraucht.
Die nächsten Wochen,
nahm ich
dann nur noch die Treppe.

Babsi und die Bauarbeiter

Der Einsatz war in Sachsen-Anhalt.
Wie immer war der Weg unbezahlt.
Das Auto bekam ich gestellt
und zusammen mit vier Frauen,
fuhr ich durch die stürmische Nacht.
Es hatte gerade begonnen zu schneien.

Die Krise trifft alle.
Auf den Gängen
war es bitterlichst kalt.
Das dünne Hemd und die Hose
halfen nur wenig,
Krawatten und Westen legten wir ab.
Dann waren wir noch mehr am Zittern.
Doch die Kleidung muss einheitlich sein.

Wir deckten die Tische
von vorne nach hinten.
Bewegung tat gut.
Dadurch wurde uns warm.
Gerad' waren wir fertig
der Aufschrei war riesig
die Dips reichten nicht
für die VIPs
da ganz vorn.

Also alles von Neuem,
wir hatten und waren genug.

Doch
dann kamen auch schon die Gäste,
Schichtleiter alle vom Bau.
Durstige Männer im billigen Anzug.
Sie rochen nach Schweiß und Radau.

Für sie war's das Highlight der Arbeit.
Sogar die Moderatorin berühmt.
Die Küchenfrauen nannten sie Babsi.
Ich fragte mich,
was die Frau noch alles macht.

Tablettweise Bier,
man kam nicht zum Ruhen,
bedient man gerad' einen,
ist's beim and'ren schon leer.
Dann wurden sie wütend,
kam man mit zu wenig.

Doch einigen,
war es halt einfach zu schwer.

Zwei Frauen am Weinen,
war'n neu in dem Job.
Ich erfuhr es dann auch erst im Auto.
Ich riss mich zusammen,
doch war ich ganz ehrlich,
dann ging es mir doch ganz genauso.

Die Vorträge
gaben dann Zeit zum Erholen.
Dann durften wir nicht in den Raum.

Und während die and'ren was aßen,
ging ich raus zu dem Schnee
zum Zittern und Rauchen.
Ach wie schön
sind doch
des Süchtigen' Pausen.

Die Nüchternen
gingen so langsam nach Haus.
Die Übrigen flehten,
boten Geld für ein Bier.
Doch die letzte Runde
war schon drei Mal vorbei.
Verzweifelte Trinker,
es ist wie es ist,
der Gastwirt kennt einfach kein besseren Kunden.

Dann sah man einen fallen.
Auch das ist normal,
der konnte noch nicht mal mehr sprechen.
Ein paar Mal als Kellner bei so 'nem Event,
dann kann man nicht anders,
als kopfschüttelnd lächeln.

Man legte ihn hin
und man fand seine Freunde.
Wir spülten die Gläser
und warteten ab
irgendwann war er zum Glück dann
verschwunden
wir hatten es endlich geschafft.

Dann fuhr ich das Auto zurück zum Büro,
auch ich konnt' ein Bier gut gebrauchen.
Im Schneefall wartete ich auf mein Bus,
begnügte mich einfach mit rauchen.

Besinnliche Weihnachten

Den ganzen Dezember,
stand ich umringt von Gebäck,
eingehüllt im dichten Nebel der Fritteuse.
„Nur Masse macht Kasse!", sagte mein Chef,
der aller paar Stunden vorbeikam,
Vorschläge gab und Süßkram verschlang.

Das Jahr ging zu Ende,
ans Arbeiten gehen
hatte ich mich langsam gewöhnt.
Der Job war okay,
kein Aufseher stand uns im Nacken
auch durften wir naschen
und Kaffee bekamen wir auch.

Man liest ja so oft vom demographischen Wandel,
doch verstanden hatt' ich es erst,
in der Frühschicht auf dem Weihnachtsmarkt.
Wenn die Parade der Rentner marschiert kam,
Uniformen zeigten
die Zeichen verstreichender Zeit.

Manche waren freundlich,
sie wünschten mir das Beste.
Andere, die schimpfen,

nicht nur die Preise, auch ich sei das Letzte.
So viele die diskutierten,
„Ey fuck, ich mach auch nur mein Job"
Die Zeit der Besinnung,
drum wird sich im Stress,
um den Platz in der Schlange gekloppt.
Zwei lange Wochen
suchte der Winter uns heim.
Die Rohre waren gefroren
und die Heizlüfter nicht mehr als Tropfen,
die erstarrten beim Aufprall
auf dem eiskalten Stein.

„Darf ich mich kurz aufwärm'?"
Ein Obdachloser trat an den Rand unseres Stands.
Doch wenig später kam dann der Chef,
er war Unternehmer ,
drum hat er sich an ihn gewandt
und ihn natürlich verbannt.

Es gab immer viel Ware am Ende des Tages,
doch Verschenken war keine Option.
Keiner lässt gerne ein halbes Vermögen
für Produkte, die später umsonst sind.

So ist halt der Kapitalismus,
beim Wegwerfen stumpft man halt ab.
Bei Gebäck fiel es mir etwas leichter,
denn nur von dem Zucker,
werden die Armen nicht satt.

Vom guten und schlechten Chefs

Der schlechte Chef
sieht Müll auf dem Boden
und ruft dann direkt Personal.
Der gute Chef
Hat schon gelernt sich zu bücken.

Der eine trinkt Kaffee und ist nur am Glotzen.
Der andere arbeitet mit, wenn nicht mehr.
Von wem lasse ich mir wohl lieber was sagen?
Und wer hat nur Glück dass ich angestellt bin?

Der eine zeigt dir einen Besseren.
Der andere steht dir im Weg.
Oft sieht man solche auch sitzen
und fragt sich zurecht
Wie viel Geld die bekomm'.

Mit einem kann man auch mal reden.
Der andere hört nur,
Was er selbst von sich gibt.
Er spricht um zu sprechen
und denkt dabei wirklich
er wär ein Genie,
wie es wenige gibt.

Vorgesetzte hatte ich mehr als genug
kein Wunder ich kam schließlich 'rum.
Denn
Leiharbeit heißt
Ich war immer wo anders.

Es hieß aber auch,
dass ich austauschbar bin.
Wie oft ließen sie uns
das spüren.

Schlechte Chefs konnten auch nett sein.
Auch Gute fahren mal aus der Haut.
Doch
Wenn immer sie stampfen,
treten sie nach unten
und wir könn' nichts tun
weil wir angestellt sind.

Das Pferd

Sie hatten mich gefragt ob ich einspringe
und wie immer wenn sie fragten,
sprang ich.
Wie immer ging es um die
Bedienung der Bonzen,
denn die trinken ja
bekanntlich am meisten.

Ich lebe vegan
und lasse die Tiere in Ruhe.
Doch bin ich auf Arbeit,
da werde ich selbst auch nur
vor einen Karren gespannt.

Die Peitsche, die nennen sie Miete.

Ich hatte ein Tablett in der Hand.
Mein Blick
suchte wie immer nach Geschirr.
Da sah ich es.
Zwei Menschen tanzten auf einem Pferd.

Sie drückten sich fest an einander.
Sie tanzten,
ich sag's euch auf dem laufenden Tier.

Tanzen ist sehr oft pervers und intim
Doch gefickt wurde hier nur das Tier.

Hin und wieder sah ich sie springen,
Tiere aus Deutschland
und aus fremden Ländern.
Hergebracht auf Schiffen,
Applaus von den Rändern.
Dabei war das Fleisch,
was sie aßen,
doch eigentlich Tierleid genug.

Lächeln nicht vergessen!

Niemand hat stets gute Laune.
Und wie viele lieben ihr'n Job?
So mancher Mann
denkt es wär' flirten.
Doch die Freundlichkeit bleibt halt
der Dienstvorschriftstrott.

Schlechte Witze sind harmlos.
Doch seid euch gewiss!
Nur euer Geld,
Das bringt uns zum Lachen.
Da wir jeden der Sprüche
Schon tausend Mal hatten
Und
fast alles
Ganz einfach
unlustig ist.

Und ja es gibt Wichser,
Die kenn' kein Benehmen.
Die fasst man
dann halt
nur
mit Samthandschuh an.

Denn leider
sitzt man halt am kürzeren Hebel.
„Entschuldigen Sie,
ja ich kümm're mich d'rum"

Kolleginnen
sah ich schon weinen.
Hinter dem Vorhang,
hängen Mundwinkel tief.
So oft hat der Teamleiter
Lächeln gefordert.
Und
Der Kunde denkt echt,
Dass das aufrichtig ist.

Mal wieder die Feier 'ner Firma.
Ich hatte mal wieder kein Bock.
Denn
mir
fehlte
der Schlaf
und die
Motivation.
Den Kollegen ging's ähnlich.
Ich blickte in leere Gesichter.

Die Kunden warn nervig
Und voll.

Ich kam
gerade vom Pissen.
Hab nicht schlecht
geguckt.
An der Tür Richtung Saal
stand
Lächeln nicht vergessen.

Mit
letzter
Kraft
konnte
ich
mich
überwinden.

Im Krankenhaus

Dann fand ich mich wieder
im Krankenhaus.
Die Küche war klein
und direkt auf Station
Ich schnitt das Gemüse,
belegte die Platten.
Das war zwar entspannt.
Doch auch sehr monoton.

Tag ein und Tag aus,
ging's von Zimmer zu Zimmer.
Erst Kaffee und Tee,
dann das Abendbrot-Buffet.

Doch schnell
stellte ich fest
manchmal da ist etwas
anders.

Denn
Wer ist dieser Mensch,
Den
nach einem Tag,
Jeder der Pflege und Küche schon kennt?
Es ist der private Patient.

Ich komme ins schmunzeln,
Wenn vor seiner Tür,
Mal wieder so mancher die Augen verdreht.

Er hat so viele Wünsche,
heilt in einem Luxus,
in dem Unsereins
nicht einmal
lebt.

Und willst du mal frech sein:
Nein, wage es nicht!

Denn
Wie jeder Patient,
kennt auch er sich gut aus,
mit allerhand schlimmer Beschwerden.
Doch nur bei seinen,
wird dich die Leitung belehren

Danksagung

Vielen Dank an meinen Freund Ama, welcher mich nach meinem Job in dem Fahrstuhl dazu motivierte, meinen damals absurden Alltag niederzuschreiben.

Vanni möchte ich dafür danken, dass sie sich immer wieder die Zeit nimmt, meine Texte zu lesen und mir hilft, grammatikalische Fehler zu beseitigen.

Doch ein ganz besonderer Dank geht auch an alle Tischabwischer, Bierauschenker, im Krankenhaus-Essen-ans-Bett-Bringer und alle anderen die mit ihrer fleißigen Arbeit unsere Gesellschaft am Laufen halten. Hoffentlich wird eines Tages jede dieser Aufgaben so gut bezahlt und angesehen, wie ihr es verdient hättet.